W0283665

BLOCKCHAIN FÜR ANFÄNGER

Alles was du über Blockchain, Bitcoin, Smart Contracts und Kryptowährungen wissen musst

1. Auflage

Copyright © 2017 – Alexander Glücklich

Alle Rechte vorbehalten.

Inhaltsverzeichnis

Vorwort

Die Blockchain. Was ist das eigentlich? Immer öfter liest man in Zeitschriften und Zeitungen von der Blockchain und noch öfter hört man vom Bitcoin. So erobert der Bitcoin nach und nach unsere Nachrichten und wird in der Öffentlichkeit immer präsenter. Auch die Technologie hinter dem Bitcoin und hinter anderen Kryptowährungen rückt nach und nach immer mehr in den Vordergrund. Die Meisten haben schon Mal etwas von „diesem Bitcoin" gehört. Doch nur Wenige wissen wirklich, was ein Bitcoin ist und noch weniger können sie etwas mit dem Begriff Blockchain anfangen.

Dieses Buch soll dir einen umfangreichen ersten Überblick über die Blockchain geben. Wir schauen uns die spannende Entstehungsgeschichte an und klären was eine Blockchain überhaupt ist und wie sie funktioniert. Anschließend erfährst du das Wichtigste über Kryptowährungen und die Vor- und Nachteile der Blockchain Technologie. Danach schauen wir uns einige sehr spannende Einsatzmöglichkeiten von Blockchains an und zu guter Letzt beschäftigen wir uns mit der Frage, ob sich eine Investition in Kryptowährungen lohnt und welche Möglichkeiten es überhaupt gibt.

Dieses Buch ist als umfassendes Handbuch für Anfänger und Interessierte gedacht, ohne dabei zu tief ins technische Detailwissen zu gehen. Alles ist anhand bildlicher und leicht verständlicher Beispiele erklärt und ich bin mir sicher, du wirst nach dem Lesen dieses Buches wissen, WAS eine Blockchain ist, WIE sie funktioniert, WOZU sie erschaffen wurde und WARUM sie so revolutionär ist.

Der beste Zeitpunkt um sich mit dieser neuen Technologie zu beschäftigen ist heute. Die Blockchain bietet enormes Potential und viele Möglichkeiten, unser Leben positiv und langfristig zu verändern.

Viel Spaß beim Lesen!

Kapitel 1: Geschichte der Blockchain

Um verstehen zu können, was die Blockchain ist, wie sie funktioniert und wieso diese Technologie so revolutionär ist, müssen wir erst in die Vergangenheit blicken und uns den Weg von der Idee bis zur ersten Blockchain anschauen.

Die erste funktionierende Blockchain kam erstmals 2009 im Sourcecode des Bitcoins vor. Somit ist die Geschichte des Bitcoins und der Blockchain unzertrennlich miteinander verbunden. Der Bitcoin ist eine Kryptowährung, welche eine direkte Transaktion von A nach B ermöglicht, ohne das eine dritte Institution wie beispielsweise eine Bank, daran beteiligt ist. Und die Blockchain ist die Technologie dahinter, die diese Transaktion ermöglicht.

Doch bevor diese Idee ausgereift und funktionsfähig war ist viel passiert und es gab viele Versuche die Blockchain zu realisieren. Wir wollen uns die wichtigsten Stationen einmal anschauen.

Bereits in den 90er Jahren des letzten Jahrhunderts gab es die Idee für eine digitale Währung, welche auf kryptografischen Algorithmen basiert. Dabei spielte David Chaum eine wichtige Rolle.

1982 hat David Chaum eine Abhandlung über **blinde Signaturen** geschrieben. Diese verstecken den Inhalt einer Nachricht bevor sie signiert wird. Obwohl der Inhalt der Nachricht versteckt ist, kann sie mit der ursprünglichen Nachricht verifiziert werden um sicherzustellen, dass keine Manipulation stattgefunden hat. Blinde Signaturen sind die Vorgänger der Signaturen, welche bei heutigen Kryptowährungen benutzt werden. Weiterhin beschäftigte sich David

Chaum damit, wie Banken digitales Geld nicht verfolgen können und wie anonyme Transaktionen mit digitalem Geld aussehen sollten. Zudem versuchte er das **Double Spending Problem** zu lösen (ich habe 1€, gebe diesen Euro jedoch zwei Mal aus – dazu später mehr).

David Chaum gründete 1990 **DigiCash**. Dieses Unternehmen entwickelte und vertrieb die erste digitale Währung, welche dieselbe Anonymität von Papierscheinen und Geldmünzen bot. Gleichzeitig wurden verschiedene kryptografische Signaturen und Verschlüsselungen für eine hohe Sicherheit genutzt. Obwohl die Idee von DigiCash durchdacht war und funktionierte, war die Welt zu diesem Zeitpunkt noch nicht bereit dafür. In einer Welt, in der die wenigsten Menschen etwas mit dem Internet anfangen konnten, konnten noch weniger Menschen etwas mit digitalem Geld anfangen. Und so ging DigiCash 1998 pleite und wurde verkauft. Doch David Chaum legte einen wichtigen Grundstein für die heutige Blockchain.

Kurz vor der Jahrtausendwende wurde das Internet immer populärer und es wurden immer mehr Emails verschickt. Spammails wurden zu einem großen Problem. Adam Back entwickelte mit dem **Proof of Work** Konzept eine Lösung für das Spamproblem. Dieses Konzept sorgt dafür, dass der Absender einer Email ein mathematisches Puzzle lösen muss, bevor die Email gesendet werden kann. Für das Lösen des Puzzles muss Rechenleistung bereitgestellt werden. Bei einer oder einigen wenigen Emails ist das kein Problem, jedoch wird sehr viel Rechenkapazität notwendig, sobald mehrere hundert oder tausend Emails verschickt werden sollen. Für den Absender ist das mathematische Puzzle aufwendig zu lösen, der Empfänger kann die Richtigkeit der Antwort jedoch leicht verifizieren.

Spamfilter konnten dadurch sehr einfach Emails aussortieren, die die Proof of Work nicht angewendet haben und somit in der Regel Spammails waren.

1998 hat Nick Szabo die erste Blockchain entwickelt. Diese existierte jedoch nur auf dem Papier und wurde nie realisiert. Nick Szabo nannte es **bit gold** und es war ein großer Schritt in Richtung funktionierende Blockchain. Szabo sah vor, dass alle Teilnehmer in einem Netzwerk Rechenleistung zur Verfügung stellen können um kryptografische Puzzle zu lösen. Sobald die Lösung von der Mehrheit als richtig anerkannt wurde, gilt sie als validiert und wurde Teil des nächsten Puzzles. So entstand eine Kette von Puzzles, die voneinander abhingen. Theoretisch die erste Blockchain.

Nick Szabo konnte jedoch das **Double Spending** Problem nicht lösen. Denn sobald ein bit gold Coin erstellt wurde, konnte er einfach kopiert werden. Als einzige Möglichkeit sah Szabo eine zentrale Institution, die dies kontrollierte und verhinderte. Somit legte Nick Szabo einen weiteren wichtigen Grundstein für den Bitcoin und die erste funktionierende Blockchain.

Ebenfalls im Jahr 1998 hat Wei Dai eine Abhandlung mit dem Titel **b-money, an anonymous, distributed electronic cash system** veröffentlicht, in dem er eine Kryptowährung beschreibt, die Proof of Work, Signaturen und dezentrale Datenbanken benutzt. Prinzipiell der Vorgänger vom Bitcoin. Aber auch b-money existierte nur in der Theorie, denn Wei Dai konnte das Problem mit der Geldmenge nicht lösen. Es wurde keine Antwort darauf gefunden, wie die Geldmenge ohne eine zentrale Institution reguliert werden kann. Obwohl das Konzept von Dai fast ausgereift war, dauerte es noch zehn weitere Jahre, bis der Bitcoin und damit die Blockchain umgesetzt werden konnten.

Satoshi Nakamoto schaffte den Durchbruch

Im Jahr 2008 hat Satoshi Nakamoto seine Abhandlung **Bitcoin: A Peer-to-Peer Electronic Cash System** veröffentlicht. Dort erwähnte er erstmals den Bitcoin und das Konzept, Blöcke von Transaktionen aneinander zu ketten (= Blockchain). Satoshi Nakamoto hat es geschafft das Double Spending Problem zu lösen und das gesamte System ohne zentrale Institutionen zu entwerfen. Zumindest auf dem Papier.

Doch ein Jahr später hat Satoshi den ersten Block, den Genesis Block, der Blockchain zusammen mit dem gesamten Netzwerk erschaffen. Es hat fast drei Jahrzehnte gedauert, bis die Idee der Blockchain ausgereift war und umgesetzt wurde. Und mit der ersten Blockchain wurde auch die erste Kryptowährung geboren, die funktionierte und mittlerweile einen hohen Bekanntheitsgrad erlangt hat. So revolutionär der Bitcoin auch ist, die Technologie hinter dem Bitcoin ist ebenfalls eine unglaubliche Innovation und Revolution, denn sie ermöglicht in unzähligen Bereichen Fortschritt. Nach dem Jahr 2009 nimmt die Geschichte der Blockchain erst so richtig Fahrt auf.

Die erste Blockchain, der erste Fehler

Nichts ist auf Anhieb perfekt und so hatte auch die erste Blockchain eine Schwachstelle. Es wurde eine Transaktion im Block 74638 in der Blockchain gefunden, die nicht verifiziert wurde. Diese eine Transaktion hat über 184 Milliarden Bitcoins an drei Adressen geschickt. Zwei Adressen erhielten je über 92,2 Milliarden Bitcoins und die Dritte erhielt lediglich 0,01 Bitcoins. Nachdem dieser Fehler entdeckt wurde,

wurde die Transaktion und die 184 Milliarden Bitcoins gelöscht und das gesamte Bitcoin Netzwerk wurde einem Update unterzogen. Seitdem gibt es keine bekannten Schwachstellen oder Fehler im Bitcoinnetzwerk.

Zunächst haben sich nur wenige Leute für die Blockchain Technologie hinter dem Bitcoin interessiert. Erst nachdem im Jahr 2013 **Silk Road**, eine Plattform ähnlich wie eBay nur für Drogen und mit Bitcoin als Zahlungsmittel, geschlossen wurde und **Mt. Gox**, der damals größte Handelsplatz für Bitcoins, pleite ging, wuchs langsam das Interesse für die Blockchain Technologie.

Der Bitcoin hatte lange Zeit einen schlechten Ruf in der Gesellschaft und galt als Zahlungsmittel der Kriminellen. Dieser schlechte Ruf war eben unter anderem Silk Road zu verdanken. Und als der größte Handelsplatz auch noch Konkurs anmeldete, war das Vertrauen in den Bitcoin fast endgültig weg und der Kurs fiel stark. Und so schwenkte der Blick von dem Bitcoin auf die Technologie dahinter. Es wurden mehr und mehr alternative Kryptowährungen auf der Grundlage der Bitcoin Blockchain geschaffen und die Technologie wurde weiterentwickelt. Beispielsweise werden bei manchen Kryptowährungen die Blöcke deutlich schneller zur Blockchain hinzugefügt als beim Bitcoin, sodass die Transaktionen schneller vollzogen werden.

Ethereum als Brandbeschleuniger

Erst als 2015 die Kryptowährung Ethereum veröffentlicht wird, wird das wahre Potential der Blockchain Technologie sichtbar. Ethereum ermöglicht es, dezentrale Applikationen auf einer Blockchain zu betreiben und Smart Contracts einzusetzen.

Smart Contracts sind automatische Verträge, die auf der Blockchain Technologie basieren. Dadurch können Verträge rechtsgültig ohne Dritte, wie beispielsweise einem Notar, geschlossen werden.

Durch die Weiterentwicklung der Blockchain profitiert nicht nur der Finanzsektor, sondern auch zahlreiche weitere Wirtschaftszweige wie Logistik, Gesundheitswesen, E-Government, Bildung und viele weitere. Wir stehen erst am Anfang einer Technologie, die unglaubliche Chancen bietet und welche fast alles in unserem täglichen Leben revolutionieren kann.

Obwohl niemand Satoshi Nakamotos wahre Identität kennt, kennen heute viele Menschen den Bitcoin und die Blockchain. Und das Pseudonym Satoshi Nakamoto wurde zur Legende. Denn diese Person oder Gruppe hat geschafft, was vorher keiner geschafft hat.

Jetzt weißt du, wie es zu der Blockchain kam. Vielleicht hast du bereits eine grobe Vorstellung, was eine Blockchain ist und wie sie funktionieren könnte. Im nächsten Kapitel geht es um die Frage **„Blockchain – WAS ist das?“**.

Kapitel 2: Blockchain – was ist das?

Um verstehen zu können, was die Blockchain ist, musst du erst verstehen, wie unser Finanzsystem funktioniert. Ich möchte dir anhand mehrerer Beispiele verdeutlichen, was die Blockchain anders macht und was das überhaupt ist. Denn prinzipiell ist die Blockchain nichts anderes als eine dezentrale Datenbank, die Transaktionen speichert und für alle öffentlich sichtbar macht. Sieht auf den ersten Blick nicht allzu revolutionär aus. Doch die Genialität der Blockchain wird dir spätestens am Ende des Kapitels verständlich.

Vertrauen, Transaktionen und Datenbanken sind die Basis

Unser Finanzsystem basiert vor allem auf Vertrauen in Dritte, auf Transaktionen und auf Datenbanken. Eine Transaktion ist der Transfer von etwas Werthaltigen von A nach B, zum Beispiel eine Banküberweisung. Diese Transaktion wird in einer Datenbank gespeichert.

Folgendes Beispiel: Bobby kauft ein eBook bei Amazon und bezahlt per Kreditkarte. Bobby vertraut dem Kreditkartenanbieter, dass dieser den richtigen Betrag an Amazon schickt und dass sein Konto richtig belastet wird. Amazon vertraut ebenfalls dem Kreditkartenanbieter, dass der richtige Betrag auf dem eigenen Konto landet und es sich nicht um Betrug oder einen Fehler handelt. Zudem vertraut Bobby Amazon und dem Kreditkartenanbieter, dass seine Daten vertraulich behandelt und nicht weitergegeben werden. Und die beiden Unternehmen vertrauen darauf, dass Bobby richtige Daten angibt und sie nicht betrügen will.

Vertrauen findet sich nicht nur in der digitalen Welt, sondern auch in der physischen Welt. Wenn Bobby etwas kauft, vertraut er dem Verkäufer, dass er für seine Geldscheine und Münzen Waren und Dienstleistungen im Wert seines Geldes bekommt. Der Verkäufer vertraut der Regierung, dass er mit den Geldscheinen von Bobby zu anderen Verkäufern/Händlern gehen kann und dort ebenfalls Dienstleistungen und Waren erwerben kann. Zudem vertrauen Bobby und der Verkäufer den Banken, dass sie ein digitales Guthaben bekommen, wenn sie ihre Geldscheine zur Bank bringen. Die Banken wiederum vertrauen der Regierung, dass diese den Geldfluss regelt und genau weiß wie viel Geld im Umlauf ist und wo Geld hinfließt. Alle diese Daten werden in zentralen Datenbanken gespeichert – jede Transaktion wird irgendwo festgehalten.

Wir vertrauen Dritten, also Banken, Unternehmen und Regierungen. Wir vertrauen der Sparkasse, dass sie unser Geld nicht verliert. Wir vertrauen PayPal, dass das Geld auch an den richtigen Empfänger kommt und wir vertrauen unserer Regierung, dass unser hart verdientes Geld auch einen realen Gegenwert hat und wir uns davon Dinge kaufen können.

Vertrauen ist also das Fundament unseres Finanzsystems und in Zusammenarbeit mit Datenbanken und Transaktionen bilden sie die Grundbasis.

Paradoxie des Vertrauens

Obwohl Vertrauen das Fundament ist, vertrauen wir Menschen uns gegenseitig nicht! Stell dir vor, du verkaufst dein Handy. Bobby kommt zu dir und bietet dir ein Blatt Papier an, auf dem steht „ich schulde dir 500€“, unterschrieben mit seiner Unterschrift. Bobby sagt dir, du kannst damit in jedes Geschäft gehen und dir Waren im Wert von 500€ kaufen, du musst nur dieses

Blatt Papier abgeben. Diesen grandiosen Deal wirst du bestimmt eingehen...

Und obwohl dieser Deal nicht sehr vielversprechend ist, gehst du ihn jeden Tag ein! Jedes Mal, wenn du Geldscheine und Münzen benutzt! Auch wenn wir uns gegenseitig nicht vertrauen, vertrauen wir einem Dritten – einer zentralen Institution bzw. der Regierung. Die Regierung hat genau dasselbe gemacht, was Bobby machen wollte. Sie hat ein Blatt Papier genommen, darauf geschrieben „ich schulde dir X€" und verkündet, dass sich jeder für das Blatt Papier Waren und Dienstleistungen kaufen kann.

Blockchain als Problemlöser

Jetzt hast du einen groben Überblick, wie unser Finanzsystem funktioniert. Die Blockchain löst die zwei größten Probleme unseres Finanzsystems: das Double Spending Problem und Abhängigkeit von dritten Institutionen. Wie diese Probleme gelöst werden, erfährst du im nächsten Kapitel.

Abhängigkeit von Dritten. Nehmen wir an, du möchtest deinem Freund Bobby zum Geburtstag etwas Geld schicken, damit er sich etwas Schönes kaufen kann. Bobby ist gerade irgendwo in der Welt unterwegs, weil er eine Weltreise macht. Es gibt keine Möglichkeit Geld von A nach B zu transferieren, ohne das eine Bank oder ein Unternehmen dazwischen geschaltet ist. Ob eine Banküberweisung, Geld per Post zu schicken oder über PayPal zu senden, IMMER ist ein Dritter an der Transaktion beteiligt. Es bestand bislang immer eine Abhängigkeit von solchen Dienstleistern und die Notwendigkeit, ihnen zu vertrauen.

Die Blockchain löst dieses Problem. Denn als Satoshi Nakamoto den Bitcoin erschuf, erschuf er auch die Möglichkeit, einer Transaktion von A nach B zu tätigen OHNE, dass Dritte daran beteiligt sind. Unabhängig davon wo Bobby sich gerade befindet, könntest du ihm einen Bitcoin senden und kurz darauf würde er diesen erhalten.

Das Double Spending Problem. In unserer digitalen Welt haben wir das Problem, dass digitale Daten sehr einfach zu kopieren und vervielfältigen sind. Es ist nicht schwer, ein eBook 100 Mal zu kopieren und an 100 Personen zu verschicken. Ein Buch dagegen 100 Mal zu kopieren ist deutlich aufwendiger. Ein digitaler Euro, welcher nur aus Nullen und Einsen besteht ist leichter zu kopieren als ein vermeintlich fälschungssicherer Geldschein. Eine digitale Währung muss also gewährleisten, dass von der Währung keine Kopien erstellt werden können. Nick Szabo sah als einzige Möglichkeit den Einsatz von zentralen Institutionen wie Banken oder Regierungen, um das Double Spending Problem zu lösen. Und daran ist letztlich bit gold gescheitert.

Doch Nakamoto hat es geschafft, dass die Blockchain die Rolle der Bank/Regierung übernehmen kann. Auf einmal braucht es kein Vertrauen mehr in Banken und Unternehmen und es braucht auch keine zentrale Kontrolle mehr. Kryptografische und mathematische Algorithmen, dezentrale Datenbanken und Miner (mehr dazu im nächsten Kapitel) ermöglichen ein transparentes, sicheres und schnelles Netzwerk für Transaktionen.

Zusammenfassung

Die Blockchain ist eine dezentrale Datenbank, welche validierte Transaktionen speichert und für alle sichtbar macht. Eine Blockchain kommt ohne eine zentrale Kontrollinstanz aus, sie löst das Double Spending Problem und nimmt die Notwendigkeit, Dritten vertrauen zu müssen und von ihnen abhängig zu sein.

Kapitel 3: Funktionsweise der Blockchain

In diesem Kapitel erkläre ich dir anhand einer Bibliothek, wie die Blockchain funktioniert. Dabei möchte ich mich jedoch nicht auf den technischen Part fokussieren, sondern anhand eines bildlichen Beispiels die Blockchain erklären.

Eine Bibliothek ist eine zentrale Institution mit einer Datenbank. Transaktionen von Büchern bilden dabei das Kerngeschäft der Bibliothek. So speichert eine Bibliothek wer welches Buch ausgeliehen hat, wo die Kunden wohnen, wie sie erreichbar sind, ihre Zahlungsdaten und so weiter.

Wenn du ein Buch ausleihen möchtest, dass bereits ausgeliehen ist, kannst du es reservieren. Sobald es wieder verfügbar ist, bekommst du eine Benachrichtigung und kannst es abholen.

Nehmen wir an, die Person mit deinem reservierten Buch wohnt im Haus gegenüber. Theoretisch könntest du über die Straße gehen und das Buch abholen, sobald die Person es fertig gelesen hat. Praktisch muss die Person erst zur Bibliothek fahren und das Buch abgeben. Dann wirst du benachrichtigt, musst selbst zur Bibliothek fahren und es abholen.

Obwohl es deutlich einfacher wäre, wird die Bibliothek dir nicht mitteilen, wer das Buch ausgeliehen hat. Denn nur die Bibliothek hat Einsicht auf die Datenbank – niemand sonst kann sehen wer was ausgeliehen hat.

Blockchain bildet die Grundlage

Unsere Blockchain Bibliothek besteht aus Menschen, die Bücher zum Verleihen haben und Menschen die Bücher ausleihen wollen. Und wir haben keine zentrale

Datenbank, in der steht wer welches Buch ausgeliehen hat und es gibt auch keinen zentralen Ort, wo Bücher zurückgebracht und ausgeliehen werden können.

Wir müssen also dafür sorgen, dass jedes Mitglied der Blockchain Bibliothek weiß, wer welches Buch hat. Dies erreichen wir durch dezentralisierte Datenbanken, auf die jedes Mitglied Zugriff hat. Sobald also irgendjemand ein Buch ausleiht, wissen alle davon. Denn jede einzelne Datenbank wird bei jeder Transaktion aktualisiert und jede einzelne Transaktion ist öffentlich sichtbar.

Soweit so gut. Der Name Blockchain beinhaltet auch schon den Kern der Technologie: Blöcke die zu einer Kette zusammengefügt werden. Es werden viele Bücher gleichzeitig ausgeliehen und zurückgegeben. Somit gibt es unzählige Transaktionen. Diese Transaktionen werden zu Blöcken zusammengefügt. Jeder neue Block verweist auf den letzten Block und wird an diesen drangehängt. Es entsteht also eine Kette von Blöcken, die **Blockchain**.

Genesis Block (der erste Block, der Ursprung)
Block 1 verweist auf den Genesis Block
Block 2 verweist auf Block 1
Block 3 verweist auf Block 2
Block 4 verweist auf Block 3
...

Wir brauchen Miner!
Um die Blockchain betreiben zu können, brauchen wir Miner! Miner sind diejenigen Netzwerkteilnehmer, die Transaktionen validieren, in Blöcke zusammenfassen und neue Blöcke an die Blockchain anhängen. Dieser Prozess ist sehr rechenintensiv, denn es muss ein

aufwendiges Verfahren namens **Proof of Work** angewendet werden, welches Adam Back für die Abwehr von Spammails entworfen hat. Miner sind extrem wichtig für eine Blockchain. Denn ohne Miner gibt es niemanden, der Transaktionen validiert und neue Blöcke zur Blockchain hinzufügt. Und dafür, dass Miner ihre Hardware, Rechenkapazität und ihren Strom zur Verfügung stellen, werden sie in der Regel mit der Kryptowährung entlohnt, die auf der Blockchain basiert.

Proof of Work

Bevor neue Transaktionen zu einem Block hinzugefügt werden können und bevor dieser neue Block zur Blockchain hinzugefügt werden kann, muss ein aufwendiges mathematisches Puzzle gelöst werden. Dieses Puzzle kann nur durch raten der richtigen Lösung gelöst werden. Dabei rät jeder Miner so lange, bis der Erste die Lösung richtig geraten hat. Dieser Miner kann anschließend den neuen Block zur Blockchain hinzufügen und bekommt dafür eine Belohnung.

Die Manipulation und Fälschung einer Transaktion ist so gut wie unmöglich, weil der Rechenaufwand für jede einzelne Transaktion und für jeden einzelnen Block extrem hoch ist. Wenn eine Transaktion nachträglich in einem älteren Block geändert werden soll, müsste das Proof of Work Verfahren für jeden einzelnen darauffolgenden Block neu erbracht werden. Die geänderte Transaktion müsste vorher von der Mehrheit der Miner validiert werden. Dementsprechend wäre ein solcher Vorgang mit einem sehr großen Aufwand verbunden.

Double Spending

Das Double Spending Problem habe ich bereits in Kapitel 1 und 2 angesprochen. Jetzt möchte ich es dir einmal bildlich anhand unserer Blockchain Bibliothek erklären.

Wir führen den **BibCoin** ein. Der BibCoin dient als Währung innerhalb des Netzwerks und funktioniert folgendermaßen: Wenn du ein Buch verleihst, erhältst du einen BibCoin. Wenn du ein Buch ausleihst, musst du einen BibCoin bezahlen. Dies verhindert, dass du mehr Bücher ausleihst als du verleihst. Dazu folgendes Szenario:

Bobby leiht sich ein Buch von dir aus und du erhältst dafür einen BibCoin.
Du leihst dir von Fiona Buch A aus. Anschließend leihst du dir von John Buch B aus.

Du hast einen BibCoin in deinem BibCoin Wallet (= ähnlich wie ein Bankkonto) und müsstest jetzt theoretisch zwei BibCoins für die beiden Bücher bezahlen. Jetzt passiert Folgendes:

Du hast zwei Transaktionen erzeugt, welche nacheinander abgearbeitet werden. Zuerst sieht jeder in der Blockchain Bibliothek deine Transaktion mit Fiona. Du leihst dir von ihr Buch A aus und musst ihr dafür einen BibCoin zahlen. Da du von Bobby einen BibCoin für dein Buch erhalten hast, wird diese Transaktion von allen Mitgliedern der Blockchain Bibliothek als gültig angesehen und in dem neusten Block gespeichert.

Jetzt wird deine zweite Transaktion mit John von allen Mitgliedern im Netzwerk geprüft. Und jeder kann problemlos nachvollziehen, dass du keine BibCoins mehr besitzt, da du nur einen von Bobby hattest und damit bereits Fiona bezahlt hast. Deine Transaktion mit John wird somit für ungültig erklärt, nicht im neusten

Block gespeichert und du kannst dir Buch B nicht ausleihen.

Simple aber genial

Die Funktionsweise der Blockchain ist einfach zu verstehen. Es braucht ein Netzwerk mit vielen Servern, sodass eine dezentrale Datenbank vorliegt. Und es braucht Miner zum Hinzufügen neuer Blöcke zur Blockchain. Dazu noch das Proof of Work Verfahren und schon hat man eine funktionierende Blockchain. Natürlich kommen unzählige und hochkomplexe mathematische und kryptografische Algorithmen und Software dazu. Die Erklärung im 2. und 3. Kapitel dient dem Verständnis der Technologie. Wenn du bis ins kleinste Detail die einzelnen Verfahren und Algorithmen wissen möchtest, solltest du zu Fachliteratur greifen.

Kapitel 4: Kryptowährungen – der Schnellstart

Der Bitcoin war der Erste seiner Art und der Beginn eines digitalen Goldrauschs. Aktuell (Stand August/2017) ist ein Bitcoin wertvoller als 100g Gold. Dabei besteht eine Kryptowährung nur aus Nullen und Einsen – ein physischer Gegenwert ist so gesehen nicht vorhanden.

Seit 2009 werden Kryptowährungen immer beliebter und immer zahlreicher. Eine Kryptowährung ist nichts anderes als ein digitales Zahlungsmittel, welches über ein Peer-to-Peer Netzwerk läuft. Aktuell gibt es fast 1000 verschiedene Kryptowährungen, welche auch als **Altcoins** (= alternative Kryptowährungen) bezeichnet werden. Die Blockchain ist die Technologie hinter einer Kryptowährung. Anhand des Bitcoins klären wir nun die wichtigsten Punkte.

Wie werden Bitcoins erschaffen?

Bitcoins kommen nicht in der Natur vor (wie z.B. Gold) und können auch nicht gedruckt werden. Transaktionen müssen validiert und zur Blockchain hinzugefügt werden. Dies erledigen die Miner, welche für das Lösen der Proof of Work Aufgaben eine Belohnung in Form von Bitcoins bekommen. Es entstehen sozusagen aus jedem neu gefundenen Block (= neuer Block der zur Blockchain hinzugefügt wird) neue Bitcoins. Dies geschieht so lange, bis alle 21 Millionen Bitcoins erzeugt worden sind. Von Anfang an wurde festgelegt, dass es nur 21 Millionen Bitcoins geben kann. Jede Kryptowährung regelt selbst, wie viele Coins es gibt.

Woher bekommen Bitcoins (und Altcoins) ihren Wert?

Der Wert richtet sich danach, wie viele Menschen und Unternehmen eine Kryptowährung akzeptieren und ihr vertrauen. So können mit einem Bitcoin bereits zahlreiche Waren und Dienstleistungen bezahlt werden. In einigen Ländern wie Japan wurde der Bitcoin als offizielles Zahlungsmittel anerkannt, in London gibt es Automaten auf den Straßen um Bitcoins zu kaufen und sogar in einigen Supermärkten in Deutschland kannst du mit Bitcoins bezahlen. Im Internet sind Kryptowährungen beliebt und es lässt sich so gut wie alles damit kaufen. Und je höher die Akzeptanz, desto höher der Wert.

Was brauche ich zum Benutzen einer Kryptowährung?

Zunächst brauchst du eine Internetverbindung und einen Computer bzw. ein Smartphone. So wie du deine Geldscheine in deiner Geldbörse aufbewahrst, bewahrst du deine Bitcoins in einem sogenannten **Wallet** auf. Dies ist eine digitale Geldbörse mit der du Bitcoins empfangen und senden kannst. Im Wallet befinden sich deine privaten Schlüssel und die öffentlichen Schlüssel (dazugehörige Adressen). Eine Adresse ist wie eine Kontonummer, nur ohne Angaben von persönlichen Daten. Mithilfe der Adressen kannst du Bitcoins empfangen und an den richtigen Empfänger senden.

Mit dem öffentlichen Schlüssel können dir Bitcoins gesendet werden und du kannst dir deinen „Kontostand" anschauen. Den privaten Schlüssel brauchst du um Bitcoins zu schicken oder von deinem Wallet abzuheben.

Wie kann man mit einer Kryptowährung bezahlen?

Dies ist sehr simpel. Du sendet von deinem Wallet einfach den gewünschten Betrag an das Wallet des gewünschten Empfängers. Die Transaktion wird anschließend von Minern geprüft und zur Blockchain hinzugefügt sofern sie gültig ist. Es sei angemerkt, dass beispielsweise die Blockchain vom Bitcoin alle 10 Minuten einen neuen Block zur Blockchain hinzufügt. Je nachdem wo du bezahlst, kann es passieren, dass die Zahlung erst nach drei oder sechs neuen Blöcken akzeptiert wird. Dadurch wird sicher gestellt, dass die Transaktion nachträglich nicht manipuliert werden kann.

Wo bewahre ich Bitcoins und Altcoins auf?

Du speicherst deine Bitcoins und deine anderen Coins in deinem Wallet. Es gibt dabei fünf Arten von Wallets mit ihren jeweiligen Vor- und Nachteilen.

Beim **Paper Wallet** druckst du deine privaten und öffentlichen Schlüssel auf ein Blatt Papier. Oft wird ein QR Code ausgedruckt, sodass du durch das Einscannen dieser auf dein Wallet zugreifen kannst. Ein Paper Wallet hat den Vorteil, dass es gegen Hacker geschützt ist, da es nirgendwo digital hinterlegt ist. Der Nachteil – es ist ein Blatt Papier und somit anfällig gegen Wasser, Feuer, Verschmutzung und anderen physischen Widrigkeiten.

Das **Desktop Wallet** ist eine Software, die auf deinem Computer installiert wird. Entweder die gesamte Blockchain wird runtergeladen oder es wird die Simplified Payment Verification (SPV) verwendet, bei dem nur ein kleiner Teil der Blockchain runtergeladen wird. Wird die gesamte Blockchain runtergeladen, so werden nach aktuellem Stand (August 2017) 130 GB runtergeladen, was nicht sehr nutzerfreundlich ist. Ein Desktop Wallet ist anfällig gegen Hacker, Viren und Keylogger und wenn der Computer, auf dem das Wallet installiert ist, kaputt geht, dann war es das mit deinem Wallet. Dafür bieten sie oft viele nützliche Funktionen und die Verwendung ist sehr einfach und unkompliziert.

Beim **mobilen Wallet** wird eine App auf deinem Smartphone installiert. Mobile Wallets sind in der Regel keine vollwertigen Klienten und nutzen die Simplified Payment Verification (SPV), laden also nur einen kleinen Teil der Blockchain runter. Mobile Wallets werden oft im Alltag beim Einkaufen oder Shoppen benutzt und sind sehr flexibel. Sie sind ebenfalls für Hacker und Viren anfällig und beim Verlust des Smartphones ist auch das mobile Wallet verloren – und damit die Coins.

Online Wallets sind webbasierte Wallets, bei dem deine privaten Schlüssel von einem Dritten auf externen Servern verwaltet werden. Ähnlich wie beim Onlinebanking loggst du dich in deinem Konto ein und hast dann Zugriff auf deine Wallets. Die hohe Verfügbarkeit ist ein großer Vorteil, denn du brauchst nur eine Internetverbindung und ein internetfähiges Gerät. Und solltest du mal ein Passwort vergessen, hilft dir das Unternehmen dabei, dein Passwort zurück zu setzen, sodass du weiterhin an deine privaten Schlüssel rankommst.

Ein großer Nachteil bei online Wallets ist, dass du anderen Unternehmen vertrauen musst. Deine privaten Schlüssel liegen auf fremden Servern und dadurch können deine Wallets einfach leer geräumt werden. Es gibt immer wieder Fälle, wo sich ein online Wallet als Betrug rausstellt und der Betreiber mit dem Vermögen der Benutzer abhaut.

Hardware Wallets sind wie USB Sticks. Auf diesen werden deine privaten Schlüssel gespeichert. Sie sind geschützt gegen Hackerangriffe, bei Verlust ist auch das Wallet verloren.

Kapitel 5: Die drei Arten der Blockchain

Es gibt insgesamt drei Arten von Blockchain. Private Blockchain, öffentliche Blockchain und Sidechain. Für die meisten Anwendungen werden öffentliche Blockchains verwendet und die Öffentlichen sind auch die am weitesten verbreiteten Blockchains.

Private Blockchain

Eine private Blockchain wird von einzelnen Institutionen für ihre eigenen Zwecke verwendet. Eine Bank kann beispielsweise eine private Blockchain innerhalb ihrer Unternehmensstruktur verwenden. So eine Blockchain wird also in einem privaten Netzwerk betrieben und ist prinzipiell einer zentralen Institution unterstellt und unterliegt ihrer Kontrolle.

Eine private Blockchain ist kritisch zu sehen. Sie ist nicht wirklich öffentlich und auch nicht dezentral. Oft ist eine Einladung notwendig, um einer privaten Blockchain beizutreten und da sie innerhalb eines Unternehmens oder einer Institution verwendet wird, ist sie nur bedingt dezentral.

Öffentliche Blockchain

Ethereum und Bitcoin verwenden eine öffentliche Blockchain (wie alle Kryptowährungen). Diese sind öffentlich einsehbar, transparent und jeder kann dem Netzwerk beitreten und mitmachen. Wenn von einer Blockchain gesprochen wird, dann ist in der Regel die öffentliche Variante der Blockchain gemeint.

Erst durch dezentrale Datenbanken, öffentlich einsehbare Transaktionen und der Validierung durch Miner wird die Blockchain zu dem, wozu sie konzipiert wurde: einem Netzwerk für Transaktionen, das ohne Dritte und ohne zentrale Kontrollinstanzen auskommt.

Die vielen Vorteile und einige Anwendungsmöglichkeiten besprechen wir in den nachfolgenden Kapiteln. Wir schauen uns aber auch die Nachteile und Risiken dieser Technologie an.

Sidechain

Sidechains werden für die eigentlichen Blockchains immer wichtiger. Denn mit Sidechains kann das Problem mit dem extremen Datenwachstum einer Blockchain gelöst werden. Die Bitcoin Blockchain ist aktuell (Stand August 2017) 130 GB groß. Aufgrund der Größe wird von vielen Nutzer nicht mehr die gesamte Blockchain runtergeladen, sondern es wird auf Varianten zurückgegriffen, bei denen nur ein Client runtergeladen wird, der eine Schnittstelle zu der eigentlichen Blockchain bildet. Und diese Schnittstelle befindet sich dann auf externen Servern. Das macht das gesamte Netzwerk anfälliger für Angriffe.

Eine Sidechain ist über eine Schnittstelle mit der eigentlichen Blockchain (Mainchain) verbunden. Mithilfe einer Sidechain können bestimme Vorgänge aus der Blockchain ausgelagert werden – dies verringert die Größe der eigentlichen Blockchain, da nur noch die wichtigsten Daten in die Mainchain eingetragen werden.

Weiterhin kann eine Sidechain die Mainchain durch zusätzliche Funktionen ergänzen. Dadurch kann die eigentliche Blockchain um Funktionen wie beispielsweise Smart Contracts oder Micropayments erweitert werden. Auch Entwickler können Sidechains nutzen, um neue Funktionen und Applikationen risikolos entwickeln und testen zu können.

Zusammenfassung

Wenn du irgendwo das Wort Blockchain hörst, ist in der Regel die öffentliche Blockchain gemeint. Kryptowährungen basieren auf öffentlichen Blockchains und die öffentliche Variante bietet viele weitere Möglichkeiten. Satoshi Nakamoto hat seine Bitcoin Blockchain als öffentliche Blockchain konzipiert. Sidechains werden immer wichtiger, denn sie können die Mainchain um zusätzliche Funktionen ergänzen. Private Blockchains sind eher selten und kommen wenn dann innerhalb einzelner Institutionen vor.

Kapitel 6: Vorteile der Blockchain

Nachdem du jetzt die Geschichte der Blockchain kennst und weißt, was eine Blockchain ist und wie sie funktioniert, schauen wir uns die Vorteile und die Chancen an, die diese Technologie bietet. Viele Vorteile haben sich bereits bei der Erklärung der Technologie und der Blockchain ergeben. Hier findest du die wichtigsten Vorteile der Blockchain zusammengefasst.

Keine Abhängigkeit von Dritten

Wie bereits mehrmals angesprochen, verbannt die Blockchain Dritte aus Transaktionen. Es werden erstmals Transaktionen von A nach B möglich, ohne dass Banken oder Unternehmen daran beteiligt sein müssen. Weiterhin können Transaktionen grenzübergreifend getätigt werden, ohne Wechselkurs, ohne hohe Gebühren und ohne, dass eine Regierung den Geldfluss kontrollieren kann. Beispielsweise musst du aktuell bei einer Überweisung aus dem Ausland nachweisen woher das Geld kommt, sobald die Summe 10.000€ überschreitet. Hinzukommt eine Meldung an das Finanzamt und teilweise hohe Gebühren auf die Transaktion.

Besonders Menschen in armen Ländern können von der Blockchain profitieren. Denn es gibt zahlreiche Länder, in denen Banken und Regierungen korrupt sind und die Bevölkerung kein Vertrauen in diese hat. Sie würden von der Transparenz und Sicherheit der Blockchain profitieren und die Notwendigkeit des Vertrauens in zentrale Institutionen würde entfallen.

Dezentralisation – die Blockchain ist überall

Eine Blockchain ist in unzähligen Datenbanken gespeichert auf diversen Servern in den verschiedensten Regionen der Welt verteilt. Das schützt vor

Hackerangriffen und anderen Sicherheitsproblemen wie Umweltkatastrophen, Unfällen, Bränden, etc. Wenn der Serverraum einer Bank abbrennt, in dem alle Server mit allen Kundendaten und Transaktionen gespeichert sind, dann haben die Kunden ein Problem. Es kann auch passieren, dass die Zentralbank gehackt wird und alle Datenbankeinträge gelöscht werden. Zentrale Institutionen sind deutlich anfälliger für Angriffe, Korruption und Manipulation.

Denn überall wo etwas zentral gespeichert und verwaltet wird, hat nur eine bestimmte Personengruppe Zugriff drauf, sodass alle anderen davon abhängig sind und dieser Personengruppe vertrauen müssen. Wenn jeder Zugriff auf jede Transaktion hat und alles nachverfolgen kann, dann schafft es Vertrauen und Transparenz.

Transparenz – wenn jeder alles sieht

Jeder Netzwerkteilnehmer einer Blockchain kann jede einzelne Transaktion sehen und nachprüfen. Es sieht also jeder, ob jemand versucht eine Transaktion zu manipulieren oder nachträglich zu verändern. Beispielsweise wäre es nicht möglich, dass ein hohes Tier eines Unternehmens heimlich Gelder abzweigt und diese in seine eigene Tasche fließen lässt – jeder könnte es sehen und nachvollziehen. Transaktionen vertuschen oder im Nachhinein manipulieren ist so ebenfalls nicht möglich. Erstens müsste die Mehrheit der Miner diesen Vorgang validieren und anschließend müsste der Proof of Work für alle nachfolgenden Blöcke neu berechnet werden, was viel zu aufwendig wäre.

Zudem lassen sich Transaktionen in der Blockchain in Echtzeit verfolgen. Du siehst sofort, ob deine Transaktion validiert und zur Blockchain hinzugefügt wurde oder nicht. So kann es nicht passieren, dass deine Transaktion bei irgendeiner Bank oder einem Unternehmen hängen bleibt, weil der zuständige Mitarbeiter krank ist oder sie einfach übersehen wurde.

Vertrauen – die Blockchain ist ehrlich

Wenn nur du und dein Transaktionspartner an einer Transaktion beteiligt sind, entfällt die Notwendigkeit einem weiteren Dritten zu vertrauen. Du musst aber auch nicht deinem Transaktionspartner vertrauen. Du kannst nachvollziehen, ob das Geld angekommen ist. Ein „ich hab das Geld aber nicht bekommen“ gibt es nicht.

Die Blockchain funktioniert fehlerfrei und ist ehrlich, ob du ihr vertraust oder nicht.

Sicherheit – Manipulation ist zwecklos

Die Blockchain ist so konstruiert, dass eine Manipulation nicht möglich ist. Jede Transaktion wird dauerhaft gespeichert und ist vom neusten bis zum ersten Block (Genesisblock) nachvollziehbar. Sollte irgendwo in der Blockchain eine Transaktion nachträglich geändert werden, so müsste das Proof of Work Verfahren für alle nachfolgenden Blöcke neu berechnet werden, denn jeder Block ist mit dem vorherigen und anschließenden Block verbunden. Dies wäre unglaublich aufwendig und würde extrem viel Rechenkapazität erfordern. Weiterhin muss die Mehrheit der Miner einer Transaktion zustimmen, bevor diese in die Blockchain aufgenommen werden kann.

Und es ist nahezu unmöglich – zumindest in der Praxis – die Mehrheit der Miner zum kollektiven Betrug anzustiften.

So erschwert die Blockchain Geldwäsche und das heimliche Abzweigen von Geldern. Nichts kann verschleiert werden und egal wie oft Geld hin und hergeschoben wird, die Spur ist immer nachvollziehbar.

Schnelle Transaktionen – Öffnungszeiten gelten hier nicht

Jeder kennt es: eine Banküberweisung dauert mehrere Tage und am Wochenende wird nicht gearbeitet. Wenn du Geld überweist, wird es von deinem Konto direkt abgebucht, aber ist erst nach einigen Tagen beim Empfänger angekommen.

Eine Blockchain arbeitet deutlich schneller und unabhängig von Uhrzeit oder Wochentag. Beim Bitcoin dauert es 10 Minuten bis eine Transaktion in der Blockchain landet und somit die Bitcoins beim Empfänger ankommen. Transaktionen werden 24/7 bearbeitet, da die Miner ihre Computer in der Regel ununterbrochen laufen lassen.

Unglaubliches Potential – der Finanzsektor ist erst der Anfang

Der Finanzsektor ist nur die Spitze des Eisbergs. Die Technologie der Blockchain kann in fast jedem Bereich angewendet werden – überall, wo etwas mit einem Wert von A nach B transferiert wird. Prinzipiell kann alles, was in Datenbanken gespeichert wird mit einer Blockchain verbunden werden: Lizenzen, Verträge, Informationen jeglicher Art, Universitätsabschlüsse,...

Mit der Erforschung der Blockchain kommen immer mehr Möglichkeiten auf und wir stehen erst am Anfang. Im 8. Kapitel schauen wir uns weitere Anwendungsbereiche für die Blockchain an.

Zusammenfassend lässt sich sagen, dass die Vorteile enorm sind und die Nachteile deutlich überwiegen.

Kapitel 7: Nachteile der Blockchain

So revolutionär die Blockchain auch ist, sie hat auch Nachteile. Technisch gesehen funktioniert die Technologie einwandfrei und die Nachteile sind mehr als Risiken zu verstehen, die überwiegend mit unserer Gesellschaft zusammenhängen.

Reputation – ist der Ruf noch zu retten?

Die erste Blockchain trat mit dem Bitcoin auf. Anfangs haben sich die Wenigsten für die Blockchain interessiert, der Bitcoin stand im Rampenlicht. Und das überwiegend negativ. So galt der Bitcoin in den ersten Jahren als Geld der Kriminellen und Betrüger. Marktplätze für Drogen wie Silk Road und das Darknet haben dem Ruf mehr geschadet als genützt. Was soll man auch von einer Währung halten, mit denen Auftragsmorde, Drogen, Waffen, etc. im Internet gekauft werden können?

Nach und nach rückte die Blockchain in den Vordergrund und es entwickelt sich aktuell rasend schnell eine Startup Szene, die diese bahnbrechende Technologie für viele innovative Ideen nutzen möchte. Trotzdem haftet am Begriff Blockchain ein negativer Ruf, denn der Bitcoin ist aktuell der größte und bekannteste Einsatzzweck dieser Technologie. Deswegen ist es für junge Startups wichtiger denn je, die Blockchain als vom Bitcoin unabhängige Technologie darzustellen und die Menschen aufzuklären. Denn erst wenn der einfache Bürger weiß, was eine Blockchain ist und wie sie eingesetzt werden kann, steigt die Akzeptanz und die Reputation.

Fehlende Akzeptanz

Die meisten Menschen können mit der Blockchain nichts anfangen. Sie können sich nicht vorstellen, wie ein Finanzsystem ohne Banken und Regierungen funktionieren soll. Dementsprechend fehlt auch die Akzeptanz gegenüber Kryptowährungen und anderen Einsatzbereichen der Blockchain.

Dass viele Menschen an Bitcoins denken, wenn sie das Wort Blockchain hören und dies mit Kriminalität verbinden, fördert die Akzeptanz ebenfalls nicht. Erst, wenn die breite Masse aufgeklärt wird und es immer neuere Einsatzmöglichkeiten der Blockchain in unseren Alltag schaffen, wird die Akzeptanz dieser Technologie steigen. Genau so verhielt es sich damals mit dem Internet – eine bahnbrechende Innovation braucht Zeit um sich durchzusetzen. Viele Menschen hätten sich damals gar nicht vorstellen können, wie sehr das Internet unser Leben beeinflussen wird. Und heute können sich die Menschen ein Leben ohne das Internet nicht mehr vorstellen! Jede neue Innovation macht zunächst Angst und muss sich dementsprechend das Vertrauen der Allgemeinheit erst verdienen, um sich durchsetzen zu können.

Integration

„Never change a running system" hast du sicherlich schon oft gehört. Wenn jeder den Bitcoin als Zahlungsmittel verwenden würde, bräuchte es keine Banken und Zahlungsanbieter wie Visa oder PayPal mehr. Warum sollten zentrale Institutionen also etwas unterstützen, was sie letztlich zerstören würde?

In Deutschland ist der offizielle Rückhalt sehr gering, in Ländern wie Japan dagegen sehr stark. So wurde am 1. April 2017 in Japan der Bitcoin als offizielles Zahlungsmittel anerkannt. Und in Österreich können Bitcoins an Bitcoin Automaten, an Tankstellen oder in der ersten Kryptobank in Klagenfurt gekauft werden.

Wenn nach und nach mehr Institutionen die Blockchain für sich entdecken, steigt auch die Integration von ganz alleine.

Kaum Privatsphäre

Wenn alle Transaktionen öffentlich für alle sichtbar sind, wie kann es dann für den Einzelnen Privatsphäre geben? Diese hohe Transparenz schafft zum einen Vertrauen, zum anderen missfällt vielen Menschen der Gedanke, dass jeder nachvollziehen kann, wie viel Geld sie haben und wo sie es ausgeben.

Sobald du von jemandem die Adresse des Wallets kennst, kannst du problemlos alle seine Transaktionen in der gesamten Blockchain zurückverfolgen und sehen, wie viel Geld er besitzt und was er damit macht. Dabei reicht es aus, wenn du eine Zahlung von der Person erhältst oder du ihr selbst eine schickst – so erfährst du nämlich ebenfalls die Adresse.

Kaum jemand will ein gläserner Bürger sein. Zentrale Institutionen erst recht nicht. So finanzieren Unternehmen und Regierungen oft Projekte, von denen keiner erfahren darf, weil sie z.B. der öffentlichen Sicherheit dienen. Man denke an die zahlreichen Geheimoperationen der Geheimdienste und des Militärs. Das sind Transaktionen, die nicht öffentlich sein sollten. Deshalb ist es kaum denkbar, dass beispielsweise die CIA ihre Transaktionen über eine Blockchain abwickelt.

Sicherheit für den Einzelnen

Die Blockchain ist ein sicheres System, welches gegen Manipulation und Betrug geschützt ist. Doch die Sicherheit für den Einzelnen sieht etwas anders aus. Wenn du deine Geldbörse verlierst, dann ist sie für immer weg (außer ein ehrlicher Finder bringt sie dir zurück). Dein Geld und deine Karten sind dann verloren, es gibt keinen Kundendienst der sich darum kümmert, dass du wieder Zugriff auf deine Geldbörse hast.

Beim Wallet ist es identisch. Wenn du deinen privaten Schlüssel zum Wallet verlierst oder vergisst, ist dein Wallet verloren. Mit dem öffentlichen Schlüssel kannst du sehen, wie viele Bitcoins im Wallet enthalten sind, aber du hast keinen Zugriff drauf! Du kannst nicht einfach den Blockchain Support anrufen und sagen, dass du deinen privaten Schlüssel verloren hast - schließlich gibt es keinen. Verlierst du den PIN für dein Bankkonto, kannst du bei deiner Bank anrufen und sie kümmern sich um alles. Es wäre absurd, wenn du deinen Kontostand weiterhin sehen könntest, aber keinen Zugriff darauf hättest.

Das macht die Benutzung eines Wallets für die breite Masse gefährlich. Viele Menschen neigen dazu Passwörter zu vergessen. Bei privaten Schlüsseln sieht es nicht anders aus. Deshalb werden diese auf dem Computer oder Smartphone gespeichert oder auf einen Zettel geschrieben. Damit wird ein Hackerangriff oder Diebstahl erleichtert. Sobald jemand den privaten Schlüssel deines Wallets kennt, kann er Bitcoins von deinem Wallet abheben.

Als Lösung bieten sich sogenannte Paper Wallets an. Dies ist ein Blatt Papier, auf dem der öffentliche und der private Schlüssel deines Wallets gespeichert sind. Dies verhindert einen Hackerangriff, da die Schlüssel nicht mehr irgendwo digital gespeichert sind. Jedoch ist ein Paper Wallet anfällig gegenüber physischen Einflüssen wie Feuer, Wasser oder Diebstahl.

Als weitere Lösung bieten sich webbasierte Wallets an. Dies sind Drittanbieter, denen man sein Wallet anvertraut. Diese Option funktioniert ähnlich wie ein Onlinekonto bei deiner Bank. Du meldest dich mit deinem Passwort an, dann hast du Zugriff auf dein Wallet, musst dir also nicht den privaten Schlüssel merken. Und falls du dein Passwort vergisst, kümmert sich der Kundensupport darum.

Ein weiteres Sicherheitsproblem ist die Transaktion selbst. Wenn du eine Transaktion an die falsche Adresse sendest, dann hast du Pech gehabt. Eine Rückbuchung des Betrags ist nicht möglich und der irrtümliche Empfänger freut sich.

Letztlich muss jeder selber aufpassen, dass sein privater Schlüssel nicht verloren geht. Oder man gibt ein Stück seiner Freiheit auf und vertraut sein Wallet Drittanbietern (z.B. Coinbase.de) an.

Zentrale Kontrolle fehlt völlig

Niemandem gehört die Blockchain, somit kann sie niemand kontrollieren. Das Netzwerk kontrolliert sich selbst. Keine Regierung der Welt und kein Unternehmen hat etwas zu sagen, dass macht sie besonders für Kriminelle interessant. Gerade in Ländern mit einer hohen Rate an Cyberkriminalität wie Russland oder China stehen aufgrund der niedrigen Strompreise viele Mining Anlagen. Niemand kann kontrollieren, was in solchen Anlagen vor sich geht. Theoretisch wird dadurch ein 51% Angriff aufgrund der nicht vorhandenen Kontrolle möglich, doch dazu gleich mehr.

Ein viel größeres Problem ist, dass niemand alleine über die Zukunft der Blockchain bestimmen kann. Der kürzlich vollzogene **SegWit** der Bitcoin Blockchain ist das beste Beispiel. Die Bitcoin Blockchain hatte ein Upgrade dringend nötig, da das Netzwerk mit steigender Benutzerzahl zunehmend ausgelastet war. So haben Transaktionen mehrere Stunden oder Tage benötigt, bis sie ausgeführt worden sind. Um dieses Problem der Skalierbarkeit (dazu gleich mehr) lösen zu können, sollte das **Segregated Witness (kurz SegWit)** Upgrade durchgeführt werden. Doch dem musste die Mehrheit der Miner zustimmen, was die letzten Jahre nicht geschah. Dadurch wurde das Upgrade immer weiter hinausgezögert.

Obwohl es von vornherein klar war, dass ein Upgrade notwendig ist, diskutierte das Netzwerk jahrelang ohne zu einer Lösung zu kommen. Es gab Machtspiele unter den großen Minern und Mining Pools, sodass die Community sich zerstritten hat. Im Mai 2017 setzten sich einige der einflussreichsten Personen der Blockchainökonomie zusammen und entschieden sich letztendlich doch für den SegWit.

Die dezentrale Struktur ist somit Fluch und Segen zugleich. Es gibt keine zentrale Institution die sich um die Zukunft der Blockchain kümmert, vielmehr müssen sich die Mitglieder des Netzwerks zusammenreißen und zum Großteil an einem Strang ziehen. Es dauert somit teilweise sehr lange, bis Veränderungen und Verbesserungen implementiert werden. Außerdem wird es bei jeder Veränderung viele Netzwerkteilnehmer geben, die unzufrieden sind.

Für Unternehmen und Startups kann dies ebenfalls zu großen Problemen führen. Es kann zu Veränderungen der Blockchain kommen, die einem Unternehmen missfallen oder ein Startup pleite gehen lassen, weil die Veränderung ihnen ins Handwerk pfuscht. Jedem, der eine Blockchain verwendet, muss sich dem Risiko bewusst sein, dass die Mehrheit entscheidet wo es hingehen soll. Und die Mehrheit entscheidet nicht immer richtig und für alle positiv.

Skalierbarkeit – von Beginn an ein Problem
Als Satoshi Nakamoto den Bitcoin zum ersten Mal vorstellte, fragten sich viele, wie es mit der Skalierbarkeit der Blockchain aussieht. So war die Blockgröße vor dem SegWit auf 1 MB beschränkt. Die beschränkte Blockgröße hatte zur Folge, dass nur drei bis vier Transaktionen pro Sekunde zur Blockchain hinzugefügt werden konnten – viel zu wenig!

So warteten im Mai 2017 über 200.000 Transaktionen darauf, zur Blockchain hinzugefügt zu werden. Denn vor dem SegWit konnten täglich nur 144 Blöcke mit jeweils 1 MB hinzugefügt werden. Das führte wiederum dazu, dass sehr hohe Transaktionsgebühren gezahlt werden mussten, um eine Transaktion innerhalb weniger Stunden zu bestätigen. Und wer nicht bereit war, hohe Gebühren zu zahlen, musste oftmals mehrere Tage auf die Bestätigung seiner Transaktion warten.

Der SegWit hat das Limit nun verdoppelt, also auf 2 MB angehoben. Doch auch das wird mit der steigenden Nutzerzahl nicht lange ausreichen. Im Gegensatz dazu schafft Ethereum 20 Transaktionen pro Sekunde, PayPal kommt auf 193 Transaktionen pro Sekunde und Visa kommt mit VisaNet auf 24.000 Transaktionen pro Sekunde (im Jahr 2016 waren es allerdings nur 2638 Transaktionen pro Sekunde).

Die Skalierbarkeit muss von Anfang an betrachtet werden, sonst kann es zu Problemen wie bei der Bitcoin Blockchain kommen. Denn bis eine Blockchain ein

Update bekommt, kann es Jahre dauern. Gerade der digitale Bereich ist schnelllebig mit vielen Veränderungen in kurzer Zeit.

Stromkosten

Eine Blockchain kann nur betrieben werden, wenn Miner 24 Stunden 7 Tage die Woche ihre Hardware zum Lösen von mathematischen Aufgaben zur Verfügung stellen. Das benötigt jedoch ordentlich Strom!

Nach aktuellen Berechnungen (Stand August 2017) könnte eine einzige Bitcoin Transaktion 5,86 US-Haushalte für einen Tag mit Strom versorgen. Rechnet man mit 250.000 bestätigten Transaktionen täglich, könnte man also 1.465.000 US-Haushalte täglich mit Strom versorgen. Oder anders ausgedrückt: das Bitcoin Netzwerk verbraucht aktuell etwa so viel Strom wie Kuba.

Im Vergleich dazu hat Visa im Jahr 2016 etwa 83.2 Milliarden Transaktionen verarbeitet. Das macht 2638 Transaktionen pro Sekunde. Visas Datenzentren verbrauchen dabei nur so viel Strom wie 50.000 US-Haushalte. Obwohl Visa 880 Mal so viele Transaktionen pro Sekunde wie die Bitcoin Blockchain verarbeiten kann, verbraucht Visa dabei nur einen Bruchteil der Strommenge.

So gilt der Stromverbrauch einer Blockchain als einer der größten Nachteile. Laut einer Studie würde die Bitcoin Blockchain mehr Strom verbrauchen als heute produziert werden kann, sobald die Hälfte der Bevölkerung ohne Bankkonto anfängt, den Bitcoin zu verwenden. Auf den zweiten Blick spielen Nachhaltigkeit und Umweltschutz also eine große Rolle bei dieser Technologie. Dazu sei jedoch angemerkt, dass sich viele große Mining Anlagen auf Island befinden. Dort ist der Strom extrem günstig und umweltfreundlich, da er beispielsweise aus Vulkanenergie gewonnen wird. Andererseits befinden sich viele große Mining Anlagen in China, wo überwiegend Kohlekraftwerke sehr günstigen Strom liefern.

51% Angriff

Wenn es einem Angreifer gelingen würde, 51% des Bitcoinnetzwerks zu kontrollieren, könnte er Transaktionen blocken, manipulieren und Double Spending betreiben. Denn der Angreifer hätte die Kontrolle über die gesamte Blockchain. Für eine Einzelperson wäre es kaum möglich, so viel Rechenleistung bereit zu stellen, ohne Millionen oder gar Milliarden investieren zu müssen.

Der derzeit größte Mining Pool AntPool hat in den letzten Tagen im Schnitt 16% aller Blöcke gelöst. Daran sieht man, dass selbst das größte und stärkste Netzwerk nur schwer an die 51% rankommen könnte.

Allerdings stehen 81% aller Miningpools in China! Theoretisch könnten sich die größten Pools in China zusammenschließen und somit die Kontrolle über das Netzwerk an sich reißen. Die chinesischen Miningpools und Mininganlagen haben einen großen Einfluss auf die Blockchain und sind unter anderem ein Grund, weshalb sich der SegWit so lange hinausgezögert hat. Nicht vorhandene Kontrolle und günstige Strompreise führen aktuell dazu, dass der Großteil des Miningnetzwerks in China angesiedelt ist. Und je nachdem was die Zukunft bringt, ist es möglich, dass in wenigen Jahren chinesische Miner das Sagen über die Zukunft der Bitcoin Blockchain haben.

Alles nur ein Hype?
Keiner kann sagen, was in der Zukunft passieren wird und so befürchten einige, dass die Blockchain Technologie nur ein Hype ist. Aktuell sprießen Blockchain Startups wie Pilze aus dem Boden, aber es bleibt stets die Frage, ob sie einen langen Atem haben werden. Noch ist diese innovative Technologie kaum etabliert und anerkannt. Der Bitcoin wird immer beliebter und es gibt fast täglich neue Kryptowährungen mit teilweise revolutionären Ansätzen. Aber es bleibt immer die Frage, ob unsere Gesellschaft schon bereit dafür ist.

Bis sich das Internet etabliert hat und zum Mainstream wurde, hat es mehrere Jahrzehnte gedauert. So muss sich auch die Blockchain Stück für Stück etablieren und zeigen, dass sie für den Alltag und die Allgemeinheit geeignet ist.

Es kann auch passieren, dass in einigen Jahren der Hype um Bitcoin und Co verflogen ist und ein Bitcoin nicht mal mehr 100€ wert ist. Dies ist auch ein Grund, weshalb große Unternehmen bei der Entwicklung der Blockchain lieber zuschauen als selbst daran mitzuwirken und etwas zu riskieren. Ganz nach dem Motto „**Never change a running system**".

Zusammenfassung
Auch wenn die Nachteile und Risiken teilweise gravierend sind, so sind sie oft nur theoretisch möglich oder liegen daran, dass die Blockchain noch nicht ganz ausgereift ist. Die Vorteile dieser Technologie überwiegen die Nachteile deutlich und sehr viele Menschen arbeiten tagtäglich daran, die Blockchain für die Allgemeinheit tauglich und zugänglich zu machen.

Kapitel 8: Möglichkeiten der Blockchain

Die Blockchain ermöglicht viele Einsatzmöglichkeiten abseits des Finanzsektors. In unzähligen Bereichen versuchen sich Startups an der Revolution eines bereits bestehenden Systems. Hier findest du einige der interessantesten Möglichkeiten der Blockchain Technologie. Dabei spielen Smart Contracts und Ethereum eine große Rolle.

Smart Contracts – automatisierte Verträge

Smart Contracts sind für viele Anwendungsgebiete sehr wichtig. Diese „intelligenten" Verträge sind automatische Verträge, die bei bestimmten Ereignissen in Kraft treten. Diese Ereignisse können sehr simpel sein wie beispielsweise „wenn 10€ bezahlt worden sind, schalte Download frei" oder deutlich komplexer wie „wenn alle Kurse abgeschlossen und 180 Credits erreicht wurden, stelle Bachelor Abschluss aus". Smart Contracts sind „Wenn...dann..." Bedingungen und bilden mit der Ethereum Blockchain die Grundlage für viele neue Möglichkeiten.

Musik – das Ende der großen Labels?

Die Musikindustrie bzw. die Künstler, Sänger, Songwriter, etc. haben mit einigen Problemen zu kämpfen. Unter anderem die undurchsichtige Auflistung der Tantiemen und der ganze Trubel rund um Lizenzen, Rechte, Copyright und Co.

So wissen viele Musiker und Bands beispielsweise gar nicht, wie sich ihre Tantiemen zusammensetzen und wo ihre Musik gehört wird. Sie müssen oft Rechte abtreten und bekommen nur ein kleines Stück vom Kuchen ab. Zudem gibt es keine zentrale Datenbank für Musikstücke, sodass es oft zu Problemen mit Lizenzen kommt.

Die Ethereum Blockchain in Kombination mit Smart Contracts ermöglicht es, dass Künstler ihre Musik direkt an Kunden verkaufen können. Ohne Labels, Agenturen, Manager oder andere Unternehmen, die dazwischen stehen.

Imogen Heap hat 2015 ihren Song „Tiny Human" über das Startup ujomusic.com vertrieben, welches die Blockchain von Ethereum benutzt und mit der Kryptowährung von Ethereum, dem Ether, bezahlt werden konnte. So wurde mithilfe von Smart Contracts vertraglich festgelegt, wer wie viel von den Einnahmen erhält. Weiterhin hat Imogen Heap vertraglich geregelt, wie die Einkommensverteilung bei der Weiterverwendung ihres Songs aussehen soll.

Eine dezentrale Datenbank für alle Musikstücke mit allen notwendigen Informationen zum Künstler und zum Song kann die Weiterverwendung von Musikstücken für Remixe, Filme und andere Produktionen stark vereinfachen und schafft Transparenz für den Urheber.

Gesundheitswesen – könnten in Zukunft mehr Leben gerettet werden?

Unser Gesundheitssektor hat ein großes Problem: es gibt unzählige zentrale Datenbanken. Jeder Arzt hat eine eigene Datenbank über seine Patienten, jede Krankenversicherung hat eine eigene Datenbank über ihre Versicherungsnehmer und so weiter. Ein Arztwechsel ist oft mit viel Papierkram verbunden, da der neue Arzt erst alle Patientenunterlagen vom alten Arzt bekommen muss. Wenn jemand in ein Krankenhaus gebracht wird, müssen die Ärzte dort erst herausfinden, was der Patient hat und ob Allergien oder

Vorerkrankungen vorliegen. Im besten Fall kann der Patient Auskunft geben oder der Hausarzt ist schnell erreichbar, im schlimmsten Fall wird etwas übersehen und der Patient stirbt.

Mithilfe der Blockchain kann eine dezentrale Datenbank mit allen wichtigen medizinischen Informationen über alle Patienten aufgebaut werden, sodass alle Ärzte, Krankenhäuser, Versicherungen und andere Gesundheitseinrichten Zugriff darauf haben.
Beispielsweise würden Unfallärzte enorm entlastet werden, wenn sie einen direkten Zugriff auf alle medizinischen Daten eines Unfallopfers hätten. Sie könnten sofort die Blutgruppe, aktuelle Beschwerden, Allergien, Notfallkontakte, verschriebene Medikamente und weitere wichtige Daten einsehen. Es wäre auch direkt klar, ob ein Unfallopfer Organspender ist oder inwieweit die Person der Entnahme von Organen zustimmt. Das alles spart Zeit und kann dazu beitragen, dass ein Leben gerettet wird.

Ein weiterer Vorteil wäre, dass die medizinische Datenbank bei jedem Arztbesuch und bei jedem Eingriff aktualisiert werden würde. So könnten Krankheiten diagnostiziert werden, weil verschiedene Fachbereiche verschiedene Symptome erkannt haben und alle Zugriff auf diese Daten hatten. So könnte dein Hausarzt feststellen, dass deine starken Kopfschmerzen von deiner stark verspannten Nacken- und Rückenmuskulatur stammen. Die stark verspannte Muskulatur hat dein Orthopäde diagnostiziert, welcher jedoch nichts von deinen Kopfschmerzen wusste. Durch eine umfangreiche dezentrale Datenbank kann es zu einer besseren Zusammenarbeit der verschiedenen Ärztegruppen kommen, sodass Zeit gespart und mehr Leben gerettet werden können.

Versicherungsgesellschaften könnten sich viel Arbeit und viele Kosten sparen, wenn die nervige Prüfung der Gesundheitsfragen wegfällt, die jeder vor Abschluss einer Versicherung, wie beispielsweise einer Berufsunfähigkeitsversicherung, machen muss.
Jeder muss zunächst einen Fragebogen ausfüllen und alle relevanten Gesundheitsfragen beantworten. Oft fehlen einige wichtige Angaben, sodass die Bearbeitung des Antrags sich über Wochen hinzieht. Es kommt auch immer wieder zu Fällen, bei denen eine Berufsunfähigkeitsversicherung nicht zahlt, obwohl der Versicherungsnehmer berufsunfähig ist. Dies geschieht oft mit der Begründung, der Versicherungsnehmer hat eine Vorerkrankung oder Operation nicht angegeben und damit falsche Angaben gemacht. Ob es vergessen wurde oder mutwillig war spielt dabei keine Rolle.

Sowohl für Versicherungsnehmer, als auch für Versicherungsgesellschaften würde solch eine auf einer Blockchain basierenden Datenbank viel Geld und Zeit sparen. Es ist auch vorstellbar, dass die Regierung anhand aller medizinischer Daten sehen oder prognostizieren kann, wo und wann sich Krankheiten oder Epidemien ausbreiten. Dadurch können Institutionen wie der Seuchenschutz entlastet werden und die Arbeit wäre effizienter.

Mobile Zahlungen – wird Bargeld überflüssig?

Mit dem Smartphone lässt sich bereits an vielen Stellen bezahlen. Aber was, wenn ich einem Freund jetzt sofort Geld schicken möchte? Eine Möglichkeit ist die mobile Peer-to-Peer Zahlung. Du schickst einer anderen Person mit deinem Smartphone den gewünschten Betrag einfach auf sein/ihr Smartphone. Dafür braucht ihr beide ein Wallet auf eurem Handy. Mithilfe der

Handynummer lassen sich dann direkte Transaktionen tätigen, ohne das Dritte daran beteiligt sind. So schnell und unkompliziert, als würdest du deinem Freund Bargeld geben.

Beispielsweise wird auf den Philippinen coins.ph immer beliebter. Mit den PHP Coins lassen sich Zahlungen übers Handy tätigen, Rechnungen bezahlen oder Geld an Freunde verschicken. Alles basierend auf der Blockchain und es wird lediglich ein Wallet auf dem Smartphone benötigt.

Revolution der Wahlen – wird Betrug unmöglich?
Alle vier Jahre geht der Deutsche wählen. Es werden zahlreiche Wahlhelfer benötigt und die gesamte Wahlmaschinerie wird aufgeboten. Gespannt werden erste Prognosen und Hochrechnungen verfolgt und oft bleibt ein übler Nachgeschmack: Betrug, Verfälschung der Wahlergebnisse und mangelnde Transparenz.

Wahlen könnten digital über eine Blockchain stattfinden und wären somit fälschungssicher und transparent. Dann könnten keine Wahlurnen verschwinden oder ausgetauscht werden und es könnten nur diejenigen wählen gehen, die auch wirklich wahlberechtigt sind.

Jeder Wahlberechtigte bekommt einen „Wahlcoin“ und kann damit seine Stimme abgeben, egal wann und wo. Wahllokale und Wahlhelfer wären überflüssig. Das Double Spending Problem im Bezug auf doppelte Wahlstimmen wäre gelöst. Es wird unmöglich, dass einzelne Personen mehr als nur eine Stimme abgeben und jeder kann die Wahl nachvollziehen und nachprüfen – das schafft Transparenz. Stimmen werden automatisch ausgezählt und es kann somit nicht zu Fehlern oder verfälschten Auszählungen kommen. Wahlen jeglicher

Art könnten schnell und einfach über eine Blockchain ablaufen.

Grundbuchamt - hat Korruption keine Chance mehr?

Schweden setzt seit Anfang 2017 eine private Blockchain ein, um das Grundbuchamt zu entlasten. Grundbucheinträge werden über die Blockchain abgewickelt, was besonders effektiv gegen Betrug und Korruption ist.

Alles was mit Grundstücken zu tun hat, wie Verkauf oder Verpachtung, könnte schnell und transparent über eine Blockchain abgewickelt werden. Das würde bürokratische Prozesse beschleunigen und durch Smart Contracts könnte der Gang zum Notar entfallen. Besonders interessant ist dieser Anwendungsbereich für Länder mit einer hohen Rate an Korruption wie Brasilien oder Honduras. Diese beiden Länder arbeiten an Blockchain Projekten, welche die Korruption in Grundbuchämtern verhindern sollen.

Denkbar ist auch, dass eine dezentrale öffentliche Datenbank für Grundbucheinträge bei Katastrophen helfen kann. Aktuell toben in den USA starke Unwetter und Hurrikan Harvey verwüstet ganze Landstriche. Was, wenn die zentrale Institution mit allen Grundbucheinträgen dieses Landstreichs zerstört wird? Dann weiß doch keiner mehr, wem was gehört. Eine dezentrale Datenbank kann solch eine Situation verhindern und gewährt allen Betroffenen Einblick auf alle Einträge.

Schulabschlüsse und Universitätsabschlüsse – Schummeln zwecklos?

Immer wieder bewerben sich Schüler und Studenten mit gefälschten oder manipulierten Abschlüssen für Jobs oder Universitäten. Oft ist eine notarielle Beglaubigung notwendig, meistens reicht aber eine einfache Kopie des Abschlusses. Und so kann niemand feststellen, ob das Dokument nicht doch gefälscht oder manipuliert ist. Es gibt auch keine Datenbank wo alle Bildungseinrichtungen ihre Daten zusammentragen, sondern jede Schule und jede Universität hat eine eigene zentrale Datenbank.

Dabei könnten Abschlüsse problemlos mithilfe von Smart Contracts über eine Blockchain ausgestellt werden. Diese wären dann sicher vor Fälschung und Manipulation und beispielsweise der zukünftige Arbeitgeber kann problemlos die Echtheit des Abschlusses feststellen.

Ausweisdokumente – endlich Fälschungssicher?

Mit Ausweisdokumenten wie Personalausweis, Pass, Aufenthaltserlaubnis oder Führerschein muss zweifellos die Identität einer Person festgestellt werden können. Mit etwas Knowhow und einer ordentlichen Portion krimineller Energie lassen sich solche Dokumente jedoch leicht fälschen. Auf dem Schwarzmarkt bekommt man problemlos gefälschte Reisepässe oder Personalausweise – somit ist der eigentliche Zweck dieser Dokumente gefährdet.

Die Blockchain Technologie kann dieses Problem lösen. Ausgestellte Dokumente müssten über die Blockchain verifiziert werden und dem muss dann erst die Mehrheit des Netzwerks zustimmen. Dadurch hätten Fälscher keine Chance mehr.

Der IS hat in Syrien tausende syrische Passrohlinge erbeutet. Diese wurden gefälscht und zur eigenen Finanzierung verkauft, teilweise reisten damit auch Terroristen in Europa ein. Durch die Verwendung der Blockchain würden Passrohlinge überflüssig werden und es gäbe solche Sicherheitslücken nicht.

Cloud Speicher – die Cloud könnte dezentral werden
Aktuell dominieren große Unternehmen wie Dropbox, Google und Amazon den Markt. Wir als Nutzer der Cloud müssen großes Vertrauen in diese Unternehmen haben, denn wir vertrauen ihnen unsere privaten Daten an. Unsere Daten werden an zentralen Orten gespeichert und oft nur durch ein Passwort geschützt. Immer wieder kommt es zu Hackerangriffen und persönliche Daten werden aus der Cloud gestohlen.

Das Startup Sia arbeitet aktuell an einer dezentralisierten privaten Cloud, welche auf der Blockchain Technologie basiert. Deine Daten werden verschlüsselt auf unzähligen Nodes (Knoten) des Netzwerks gespeichert. Miner betreiben dieses Netzwerk, denn der Speicherplatz wird mit dem Siacoin bezahlt. Somit schafft Sia einen unabhängigen Marktplatz für Cloud Speicher, den niemand kontrolliert. Aktuell kostet 1 TB Speicher 2$ monatlich, 1 TB in Amazons Cloud kostet dagegen 23$ (Stand August 2017). Durch den unabhängigen Marktplatz sinken die Kosten für Cloud Speicher enorm und durch die dezentralisierte Speicherung der verschlüsselten Daten steigt die Sicherheit und es gibt kein Unternehmen, dem Nutzer vertrauen müssen.

Supply Chain Management – lückenloses Tracking
Die gesamte Logistikbranche könnte von der Blockchain revolutioniert werden. Produkte könnten über die gesamte Lieferkette lückenlos verfolgt werden, genauso wie der Ursprung der einzelnen Komponenten bzw. Zutaten der Produkte. Denkbar ist, dass ein Kunde vor dem Supermarktregal steht und genau sehen kann, aus welchem Anbaugebiet der Zucker der Kekse kommt oder wo genau ein Energydrink produziert und abgefüllt wurde.

Das Tracking von Paketen und Lieferungen könnte über den gesamten Weg nachverfolgt werden und verschwundene Pakete würden der Vergangenheit angehören. Wenn jede Transaktion unwiderruflich in der Blockchain gespeichert wird, wird auch jeder Weg eines Pakets nachvollziehbar gespeichert. Das würde lästiges Suchen ersparen und Sendungen können nicht einfach verschwinden.

Zudem könnten wichtige Dokumente wie Frachtpapiere automatisch von der Blockchain bzw. Smart Contracts geprüft werden, sodass die Zeit die ein Container oder eine Sendung in der Transitzone verbringt, deutlich verkürzt werden würde. Der Papierkram könnte auf ein Minimum reduziert werden, wenn Zoll und Co. automatisch von Smart Contracts geprüft werden. Dadurch wird auch Betrug verhindert und es passieren weniger Fehler in der Abwicklung von Containern. Generell kann die Blockchain die Logistikbranche beschleunigen, sicherer und transparenter machen und von der großen Menge Papierkram entlasten.

Strom – bald nur noch über Blockchain bezahlbar?
Die Stromanbieter müssen flexibel sein was den Stromverbrauch der Nutzer angeht. RWE möchte die

Ethereum Blockchain zur Zahlungsabwicklung an Stromtankstellen nutzen. Stromtankstellen sind häufig Ladesäulen mit einem automatisierten Zahlungssystem. Die Möglichkeit mit Bargeld zu bezahlen ist nicht vorhanden und je nach Anbieter der Ladesäule, werden unterschiedliche Zahlungssysteme angeboten. Häufig können solche Säulen nur von Vertragskunden genutzt werden, die eine RFID Karte für die Säule haben. Benutzerfreundlich sieht anders aus.

Die Verwendung von Smart Contracts und einer Blockchain können dieses Problem lösen. Dadurch kann dann eine Ladesäule mit einem Fahrzeug, individuell und automatisiert, einen Vertrag über den Ladevorgang abschließen, bezahlt wird dann beispielsweise per Bitcoin.

Zusammenfassung

Dies waren einige Möglichkeiten, welche die Blockchain Technologie bietet. Fast täglich kommen neue Startups auf neue Ideen für die Verwendung einer Blockchain. Wir dürfen gespannt dabei zusehen, wie unser Alltag nach und nach verändert und vereinfacht wird. Es gibt zahlreiche Branchen und Felder, die enorm von einer Blockchain profitieren könnten. Vielleicht gibt es in 10 Jahren keine Banken mehr bzw. nur noch Kryptobanken. Oder die gesamte Logistik wird über eine Blockchain abgewickelt und es geht kein Brief und kein Paket mehr verloren. Vielleicht wählen wir unseren übernächsten Bundeskanzler über eine Blockchain. Was die Zukunft bringt kann niemand sagen. Aber die Chancen stehen gut, dass das DIE Innovation seit der Erfindung des Internets ist.

Kapitel 9: Investieren in Kryptowährungen

Die Blockchain lebt von Kryptowährungen. Diese sind der monetäre Anreiz, sie zu betreiben und deshalb ist das Thema Investment wichtig. Wir wollen uns mit der Frage beschäftigen, ob es sich heutzutage lohnt, in Kryptowährungen zu investieren. Dabei schauen wir uns den Bitcoin als stärksten und bekanntesten Vertreter der Kryptowährungen an. Des Weiteren klären wir welche Möglichkeiten es zum Investieren überhaupt gibt.

Hättest du im Oktober 2012 schlappe 100 Bitcoins für jeweils 10$ gekauft und sie am 1. September 2017 für 4000€ pro Bitcoin verkauft, dann hättest du aus 1000€ mal eben 400.000€ gemacht. Hättest du dir am 19.02.2011 insgesamt 1000 Bitcoins für jeweils 1$ gekauft, dann hättest du jetzt 4.000.000€ und wärst Millionär. Tja hättest du...

Ist es nun also schon zu spät zum Investieren? Schauen wir uns die wichtigsten Argumente für eine Investition in Kryptowährungen bzw. in den Bitcoin an und die wichtigsten Argumente dagegen.

WICHTIG: In diesem Kapitel stelle ich dir größtenteils meine eigene Sichtweise auf die einzelnen Investitionsmöglichkeiten vor, dies soll keine Beratung zum Investieren sein. Letztendlich musst du selber entscheiden, ob du investieren und dich daran beteiligen möchtest. Investiere nur Geld, dass du nicht zum leben brauchst und dessen Verlust du problemlos verkraften kannst.

Gründe für das Investment

Schauen wir uns zuerst die Gründe an, die dafür sprechen. Bitcoins sind auf 21 Millionen Coins limitiert.

Es wird niemals mehr geben, da es bereits von vornherein festgelegt wurde. Banken können einfach neues Geld drucken, sodass das bereits vorhandene Geld an Wert verliert – die Inflation steigt. Bei Bitcoins ist das unmöglich.

Viele spekulieren darauf, dass der Wert mit der Zeit steigt, weil Kryptowährungen vor Inflation geschützt sind. Die dezentrale Art von Kryptowährungen ist ebenfalls ein wichtiger Grund, weshalb viele Menschen investieren. Dem Bitcoin kann es egal sein, ob Zentralbanken oder Staaten pleite gehen bzw. Krisen durchleben, denn der Bitcoin ist an keine zentrale Institution gebunden.

Der Bitcoin steht erst am Anfang seiner Karriere und langsam aber sicher bekommt die breite Masse mit, was ein Bitcoin ist. Es akzeptieren immer mehr Unternehmen Bitcoins und in einigen Ländern, wie z.B. Japan, ist der Bitcoin als offizielles Zahlungsmittel anerkannt worden. So sind viele der Meinung, dass es nur eine Frage der Zeit ist, bis überall mit Bitcoins bezahlt werden kann.

Zahlungen per Bitcoin sind anonym und sicher. Es gibt keine Dritten, die bei einer Transaktion zwischen geschaltet sind und niemand kann kontrollieren, wofür eine Transaktion verwendet wird. Zudem gibt es zahlreiche Großinvestoren, die Millionen an Geldern in Bitcoins angelegt haben. Aktuell (Stand 01.09.17) beträgt das Handelsvolumen von Bitcoin 452.459.309$. Also fast eine halbe Milliarden US Dollar. Und es steigt fast täglich. Viele sehen den Bitcoin als Revolution des Finanzsektors und als langfristige Anlage.

Gründe gegen das Investment
Selbstverständlich gibt es auch einige gute Gründe, weshalb sich eine Investition nicht lohnt. Die Technologie hinter dem Bitcoin, die Blockchain, ist neu und weitesgehend unerprobt. Bzw. funktioniert sie aktuell im relativ kleinen Maßstab sehr gut, aber der Bitcoin hat ein Problem mit der Skalierbarkeit und der Nachhaltigkeit, wie in Kapitel 7 bereits angesprochen.

Es kann auch sein, dass die Bitcoin Blase bald platzt und der Hype vorbei ist. Dann würde der Kurs schlagartig sinken und viele Menschen hätten quasi über Nacht den Großteil ihres Geldes verloren. Der Kryptomarkt ist sehr volatil und der Kurs schwankt teilweise sehr stark. So gab es kurz vor dem SegWit einen starken Einbruch des Bitcoin Kurses und kurz darauf ist er wieder in die Höhe geschossen.

Ein Nachteil ist auch, dass der Bitcoin nur in einigen Ländern als Zahlungsmittel anerkannt ist und nicht an der Börse gehandelt wird. Der Bitcoin hat teilweise einen schlechten Ruf, weil er oft mit Kriminalität und Terrorismus in Verbindung gebracht wird. Andere Kryptowährungen haben dieses Problem glücklicherweise nicht.

Die fehlende zentrale Kontrolle und Legitimation wird von vielen ebenfalls als Grund gesehen, nicht zu investieren. Jedes Unternehmen und jeder Händler muss selbst entscheiden, ob er Kryptowährungen akzeptiert. Theoretisch kann ein Bitcoin morgen nichts mehr wert sein, beim Fiatgeld (Euro, Dollar, etc.) ist das natürlich auch möglich, doch dahinter stehen Regierungen und Banken, die alles mögliche tun werden um den Wertverfall ihres Geldes zu verhindern. Wenn ein Bitcoin morgen nichts mehr wert ist, weil es eine grundlegende Änderung wie den SegWit gab, dann ist das eben so und niemand kann etwas dagegen machen.

Die Tulpenblase

Meiner Meinung nach sind Kryptowährungen im Bereich **High Risk Investment** einzuordnen. Basierend auf vielen Fakten hat diese neue Art der digitalen Währung gutes Potential, Fiatgeld abzulösen. Die Technologie dahinter ist genial und revolutionär, aber auch neu und unerprobt. Wer heute investiert kann in fünf Jahren mehrfacher Millionär sein. Oder sein ganzes Investment verloren haben.

Man kann den aktuellen Hype mit der Tulpenmanie des 17. Jahrhunderts vergleichen. Damals entstand in Holland ein Hype um Tulpenzwiebeln. Tulpen waren damals kaum bekannt und sehr selten. Sie wurden in den Gärten der Reichen und Schönen kultiviert. Tulpenzwiebeln waren sehr begehrt und kostbar und der Preis schaukelte sich in den 1630er Jahren extrem hoch. So konnte man damals mit einer Tulpe ein ganzes Haus kaufen!

Jeder wollte ein Stück vom Kuchen abhaben und die finanzielle Dummheit war schier grenzenlos. Die Gier nach Geld hat Menschen dazu veranlasst, für Tulpen extrem viel Geld zu bezahlen. Doch schon nach kurzer Zeit waren Tulpen alles andere als selten und 1637 waren sie quasi über Nacht nichts mehr wert. Die erste dokumentierte Finanzblase der Geschichte, die platzte.

Natürlich kann man eine Kryptowährung, die auf einer innovativen neuen Technologie basiert, nicht eins zu eins mit einer Pflanze vergleichen. Wir können nur die Parallelen zwischen dem aktuellen Bitcoin Hype und der Tulpenmanie ziehen und zuschauen, ob sich die

Geschichte wiederholt oder ob Bitcoin und Co sich einen festen Platz in unserer Welt sichern und der Wert sich irgendwann stabilisiert.

Möglichkeiten zum Investieren

Ich persönlich sehe das große Potential des Bitcoins und einiger anderer Kryptowährungen und investiere einen Teil meines Geldes. Dabei gibt es drei Möglichkeiten sein Geld anzulegen.

Coins kaufen und halten

Du kannst dir direkt beispielsweise Bitcoins, Ethereum oder Litecoins bei diversen Anbietern kaufen. Ich kann dir Coinbaise.de und bitcoin.de empfehlen. Allerdings gibt es auch viele weitere Anbieter, bei denen du Kryptowährungen kaufen kannst. Es ist wichtig, dass diese Marktplätze eine gute Reputation haben. Sonst kann es passieren, dass du Geld zahlst, aber keine Coins erhältst, weil der Marktplatz von Betrügern betrieben wird.

Viele alternative Kryptowährungen kannst du nur über Börsen wie bittrex.com kaufen. Bei Coinbase.de kannst du dir Bitcoins, Ethereum und Litecoins kaufen. Diese musst du dann auf dein Wallet bei bittrex.com transferieren und erst dort kannst du beispielsweise Coins wie NEO, Dash, Ripple oder Zcash kaufen. Entweder lässt du deine Coins dort liegen, benutzt sie zum Traden (davon würde ich dir abraten, außer du hast bereits Erfahrungen damit gemacht) oder du transferierst sie auf ein anderes Wallet deiner Wahl. Ich würde meine Coins immer auf einem Hardware Wallet lagern oder ein Paperwallet benutzen. In Kapitel 4 hast du bereits einen Überblick über die verschiedenen Walletarten bekommen und musst für dich die beste Wahl treffen.

Die gängigste Art des Investierens ist, deine Coins einfach in deinem Wallet liegen zu lassen und auf eine Wertsteigerung zu warten. Sobald du der Meinung bist, jetzt ist der Zeitpunkt zum Verkaufen, verkaufst du deine Coins ganz einfach.

Entweder du tätigst eine einmalige Investition oder du investiert jeden Monat eine bestimme Summe. Beide Möglichkeiten haben Vor- und Nachteile. Durch eine hohe Einmalinvestition kannst du zu einem geringen Kurs viele Coins kaufen du dann enorme Rendite durch eine folgende Wertsteigerung mitnehmen. Aber du kannst auch Pech haben und der Kurs sinkt nachdem du investiert hast.

Der Vorteil eines monatlichen Sparplans bzw. Investitionsplans wäre, dass du auf einen längeren Zeitraum gesehen etwa für den Durchschnitt des Kurses kaufst.

Simples Beispiel: du kaufst dir jeden Monat für 100€ Bitcoins. Im April kostet ein Bitcoin 50€, du kaufst also 2 BTC. Im Mai kostet ein Bitcoin 75€, du kannst dir also 1,25 BTC kaufen. Im Juni kostet ein Bitcoin nur noch 25€ - du kaufst 4 BTC.

Du kaufst dir also für 300€ insgesamt 7,25 BTC. Im April hättest du für 300€ 6 BTC bekommen, im Mai 4 BTC und im Juni 12 BTC. Durchschnittlich würdest du 7,33 BTC (22 BTC geteilt durch 3 Monate) pro Monat kaufen. Mit dem monatlichen Sparplan waren es dann „nur" 7,25 BTC. Und das mit einem deutlich geringeren Risiko.

Mining betreiben

Die zweite Möglichkeit zur Investition ist, selbst zum Miner zu werden. Ich persönlich würde dir davon abraten, weil die Stromkosten in Deutschland zu hoch sind und sich das Mining hierzulande nur selten lohnt. Zunächst musst du in die richtige Hardware investieren – diese Investition kostet schnell einige tausend Euro. Der Antminer S9 zum Beispiel kostet 3000$ und ist derzeit eines der leistungsstärksten Geräte zum Minen. Du brauchst Platz, ein gewisses Knowhow, eine große Portion an technischem Wissen und ein gutes Kühlungssystem. Das geht alles ins Geld und ist je nach Standort und Strompreis nicht annähernd lukrativ.

Sinnvoller ist es sich einem großen Miningpool anzuschließen oder einfach direkt Bitcoins und Co zu kaufen.

In ICOs investieren

ICO steht für **Initial Coin Offering** und wird von Startups der Blockchainszene verwendet um Kapital einzusammeln. Ein Startup gibt eigene Tokens heraus im Tausch für Ethereum oder anderen Kryptowährungen, wobei Ethereum am häufigsten eingesetzt wird. Diese Tokens erfüllen im geplanten Projekt eine bestimmte Rolle, beispielsweise können sie als Zahlungsmittel eingesetzt werden sobald das Projekt fertig ist.

Es ähnelt dem Crowdfunding Prinzip, bei dem ein Startup Gelder von investitionsbereiten Individuen einsammelt, um das eigene Projekt zu finanzieren. Noch besser lassen sich ICOs jedoch mit einem Börsengang vergleichen. Anstatt Aktien können Tokens erworben werden. Diese Tokens bieten einen vorher festgelegten Gegenwert und können in der Regel im Whitepaper des jeweiligen ICOs nachgelesen werden.

Du kannst also in ICOs investieren und je nach Projekt frühzeitig in neue Kryptowährungen investieren oder dir andere Vorteile sichern. Auf icoalert.com findest du beispielsweise eine Auflistung aller beendeten und kommenden ICOs.

Diese Art der Investition ist sehr spekulativ und mit einem sehr hohen Risiko verbunden. Niemand kann sagen, ob das Startup Erfolg haben wird oder nach kurzer Zeit pleite ist. Viele Ideen klingen vielversprechend und revolutionär, doch ob die Umsetzung klappt und ob die breite Masse die Innovation annimmt ist fraglich.

Zusammenfassung
Meine Empfehlung: Bitcoins und andere Kryptowährungen kaufen und halten. Mining lohnt sich in den meisten Fällen nicht in Deutschland, da der Strom zu teuer ist. ICOs sind eine tolle Möglichkeit, unter den vielen Startups könnte das neue Apple, Facebook oder Tesla sein.

Wenn du Lust auf ein sehr risikoreiches und spekulatives Investment hast, dann bieten diverse Kryptowährungen und ICOs eine sehr profitable Möglichkeit! Wer keine Risiken eingeht trinkt auch keinen Champagner!

Aber investiere nur Geld, das du auch bereit bist zu verlieren!

Schlusswort

Jetzt weißt du was die Blockchain ist, wie sie funktioniert, welche Vor- und Nachteile sie hat und du kennst einige der vielen Möglichkeiten um eine Blockchain einzusetzen. Du kennst du wichtigsten Eckdaten der Entstehungsgeschichte der Blockchain, weißt alles Wichtige über Kryptowährungen und hast einen Einblick über die Investitionsmöglichkeiten bekommen.

Wir können mitverfolgen, wie eine neue Technologie unsere Welt Stück für Stück revolutionieren wird. Ich bin mir ziemlich sicher, dass sehr viele Bereiche nach und nach von der Blockchain profitieren werden und das in einigen Jahren jeder ungefähr weiß, wie die Blockchain funktioniert und was das überhaupt ist.

Bis Elektroautos wie die von Tesla von der Allgemeinheit akzeptiert und mehrheitlich gekauft werden, werden sicherlich noch einige Jahre vergehen. Trotzdem arbeiten Tesla und andere Unternehmen an der Verwirklichung eines flächendeckenden Stromtankstellennetzes und an der Weiterentwicklung der Elektromobilität. Dies geschieht überwiegend abseits der Öffentlichkeit, doch bald wird sich Elektromobilität durchsetzen und Elektroautos werden Fahrzeuge mit Verbrennungsmotoren ablösen.

Ähnlich schaut es bei der Blockchain Technologie aus. Viele Startups arbeiten meist unbeachtet von der Öffentlichkeit an neuen Ideen und Lösungen von Problemen. Genauso wie Elektroautos bietet auch die Blockchain zahlreiche Vorteile und bringt ein enormes Potential mit. Wie und wann sich diese Technologien durchsetzen werden, bleibt abzuwarten.

Ich danke dir sehr für den Kauf dieses Buches und bin mir sicher, dass du jetzt informiert bist und kein blutiger Laie mehr auf dem Gebiet der Blockchain bist, der mal „was davon gehört hat". Du hast auf jeden Fall genug wissen, um dir selbst ein Bild von der Blockchain und den vielen verschiedenen Kryptowährungen zu machen.

Ich wäre dir sehr dankbar, wenn du mir eine positive Rezension hinterlässt, sofern dir dieses Buch gefallen hat und vielleicht kannst du dieses Werk auch weiterempfehlen.

Rechtliches

Der Inhalt dieses eBooks wurde mit größter Sorgfalt erstellt und überprüft. Für die Vollständigkeit, Aktualität und Richtigkeit der Inhalte kann jedoch keine Garantie oder Gewähr übernommen werden. Der Inhalt dieses eBooks repräsentiert die persönliche Meinung und Erfahrung des Autors und dient nur dem Unterhaltungszweck.

Es handelt sich ausdrücklich um keine Finanz- oder Anlageberatung und die Benutzung dieses Buchs und die Umsetzung der darin enthaltenen Informationen erfolgt ausdrücklich auf eigenes Risiko. Das Werk, inklusive aller Inhalte, gewährt keine Garantie oder Gewähr für Aktualität, Korrektheit, Vollständigkeit und Qualität der bereitgestellten Informationen. Druckfehler und Fehlinformationen können nicht vollständig ausgeschlossen werden.